www.tredition.de

AF204229

Andrej Nikita Prokin

Furor studiosus oder Träumerei

Ein Versdrama

www.tredition.de

© 2017 Andrej Nikita Prokin

Verlag: tredition GmbH, Hamburg

ISBN
Paperback: 978-3-7345-8802-0
Hardcover: 978-3-7345-8803-7
e-Book: 978-3-7345-8804-4

Printed in Germany

Andrej Nikita Prokin

Furor studiosus oder Träumerei

Ein Versdrama

Personen, Götter und ein Geist:

ALMA MATER, die Mutter
STUDIOSUS, der Student
BRUDERHERZ, des Studiosus Gefährte
LYÄUS, Gott Dionysos, auch der
Sorgenbrecher
MEDICUS, ein Bekannter und
Hausnachbar
GENIUS, ein Feuergeist
GAST
ORKUS, Gott der Unterwelt

Prolog

Die Bücher zugeschlagen, weil sie erfüllt von Versagen.
Durchblick verlangend, dürstend nach Spiritus im
Magen.
Sein Geist irrt umher, er wandert stetig.
In seinem Kopfe ist es ihm zu neblig.
Im Rausche verharren die Füße still,
sie halten am Boden fest, mit besonderem Stil.

Der Sternenhimmel wandelt sich permanent,
eine Kompassnadel hat er nicht immanent.
Ein Geschichtchen über einen Verlorenen,
am Boden Liegenden, einen Neugeborenen.
Studiosus sein kann verzwickter sein,
so mancher erstickt dabei den fruchtbringenden Keim.

Das Leben verläuft in mancherlei Bahnen und Ellipsen,
gleich des Trunkenbolds Gang, wenn er begonnen, sich
anzuschwipsen.
Mal vorn, mal rechts, mal links, mal gar nirgendwo.
Sorgen bereiten tut's, sie entfachen das Inferno.
Des Lebens Faden ist nun halt keine Gerade,
gerade deswegen ist Durchblick nur sporade.

Was machen, was tun, was denken, was unternehmen?
Genau: eine Art Unternehmen unternehmen.
Münden wird die Aktion ins schwarze Loch,
der Mutter wird's zum peinigenden Joch.
Eine unermesslich aussaugende Kraft,
dabei sich wünschen, jemand sein, der's geschafft.

Der Wunsch ist da, nur die Erlösung ist nimmer da,
willst du dies, willst du das, die Antwort ist: Nein-Ja.
Erlösung kommt nicht stolz auf hohem Ross
angaloppiert,
sie kommt angetrabt zu dem, der reflektiert.
Um Verständnis, liebe Leute, wird gebeten,
der sonderbare Rausch lässt fremde Kreise betreten.

Was ist ein schaffender, geschaffter Mann,
solang der Student begraben liegt vom todbringenden
Bann?
Ein Wunsch, eine Vorstellung, Luft oder eine Idee?
Die Vorstellung vom geschafften Mann tut ihm sehr
weh.
Er ist, was er ist, die Suche auf dem Weg,
ohn' Kompass, ohn' Ahnung, erklimmt er mühsam den
Steg.

Tragödienbeginn

Treppensteg

(Ein junger Kerl liegt schwer atmend und schläft.)

MEDICUS:

Auweia! Nun liegt er schon wieder,
der rechte Stand ist ihm wohl zuwider!
Junger Herr, junger Mann, nicht schon wieder,
wandeln sie erneut im Tal der Ungeziefer?
Wenigstens liegt's bequem, scheint nichts passiert,
ist er schon wieder illuminiert.

He! Ha! Aufwachen da, der Tag ruft,
raus aus deiner überschwemmten Gruft.
Hopp, hopp, sonst kommt noch die Mutt',
und sieht dich noch so ganz kaputt.
Jetzt kommt's, jetzt geht's los,
bete für einen guten Denkanstoß.

ALMA MATER *(aufgebracht)*:

Nein, nein, nein, nein, nein!
So sollst du mir nicht sein,
aufwachen, Robert! Raus aus der Trance,
vorüber ist die Zeit dieser Decadence!
Ich will und kann's nicht glauben,
des Herzens und meiner Seel' wirst du mich berauben.

STUDIOSUS:

Ah! Was ist los? Welches Gebet, welche Decadence?
Der Doktor verschrieb doch nur eine Ordonnance.
Ich gab lediglich unsren Gebräuchen eine Chance,
und dabei fiel ich doch glatt aus der Balance.

ALMA MATER:

Jetzt halt den Mund, du redest auch noch ungesund,
los, wir gehen rauf, ich helf' dir, auf, auf!

MEDICUS:

Seiner Leber wollt' ich nicht schaden,
nach dem Collegium darf man doch im Glücke baden.
Der arme Teufel, wohl eher ein armer Specht,
verloren ist er zu Unrecht.
In die Schul' gesteckt und das gezwungen,
danach rausoperiert und in Not gedrungen.

Diese unbarmherzige Bedingung,
wenn danach keine eindeutige Verbindung.
Die Mutter schreit dabei zu Recht,
gebären wollt sie keinen Schluckspecht.
Doch die armen Kind',
achten muss man darauf, wie sie sind.

Der eine kann sofort einhaken und zieht weiter,
dem anderen sind die Essays weit breiter.
All dies tut Zeit, Geld und Mühe kosten,
und lässt so manche Nerven rosten.
Doch der Götter kleinste Vöglein

finden am Ende doch ihr gutes Nestlein.

Sonnenuntergang

(Studiosus im Bette schlafend, Mutter sitzt daneben.)

ALMA MATER: *(singt ein altes Lied)*:

Oh Weib, dich trifft ein Ungemach,
rauben tut es dir den Schlaf.
Kummer wird dir zubereitet,
ja, dieser ist sehr weit verbreitet.
Das zarte Geschlecht, unlieb trätiert,
recht grob und bös, ja malträtiert.

STUDIOSUS: *(wacht auf)*:

Ich bin zurück, Ende der Reinigung,
verzeih mir Mutter, verzeih die Peinigung.

ALMA MATER:

Ja, du peinigst gewiss auch mich,
doch nicht nur mich, sondern auch dich.
Dein elend' Zustand muss doch enden,
sonst werden wir beide noch verenden.
Worin liegt dein Kummer, deine Sorge,
es ist doch alles gut, sag schon, George?

STUDIOSUS:

Es ergibt keinen Sinn, keinen macht's,

ich flüchte den Tag, lebendig bin ich nachts.
Es liegt so schwere auf mir,
es ist, als trüge ich ein Ungetier.
Jegliche Kraft verdampft wie heißes Wasser
und meine Sicht wird immer matter.

ALMA MATER:

Genannt wirst du Leonce und nicht Atlas,
tu der Last einen Ablass.
Jung, kräftig und erfolgreich,
worin liegt der Kern in deinem Abweich?

STUDIOSUS:

Abgewichen bin ich sehr wohl,
meinem Wesen, meiner zarten Art, jawohl.
Betrogen hab ich meine Seel',
daraus mach' ich keinen Hehl.
Es beherrscht mich eine Paralyse,
töten tut sie alle Genüsse.

ALMA MATER:

Nicht alles, wie mir scheint,
die Trinkerei ist damit gemeint.
Ich verstehe dich nicht, mein Sohn,
alles erscheint dir nur noch Hohn.

STUDIOSUS:

Das Zechen und Gebrechen,
ist der Phantasie ein Versprechen,

zu erhöhten Ebenen und weiten Welten.
Es hilft, erleichtert und tut mich retten,
vorm Schlag des Hammers,
vor der Waage und des ungerechten Jammers.

ALMA MATER:

Du besitzt Fortitudo und Prudentia,
aber flüchtest vor Temperantia und Justitia.

STUDIOSUS:

Sehr wohl, keinen Platz gibt's mehr in der Waage,
Justitia droht mir mit dem Schwert, wenn ich's dir sage.
Liebe Mutter, den Kopf werd' ich verlieren,
diese Disziplin wird mich in die Tiefe ziehen.
Ein rechtes Urteil brauch' ich, glaube mir,
eins, das sich im kaleidoskopisch' Gewand zier'.

Beim Orkus

(Eine türkisgrüne Kerze brennt. Studiosus umarmt das Klosett.)

STUDIOSUS:

Nun kommt's wieder rauf,
und mit ihm, ich auch.
Es sind schwere Stunden,
aber es sind nun mal Neugeburten.
Sorge nicht, Mutter, ich bin wieder da,
und sage dir auch, ich seh' wieder klar.

ALMA MATER:

Keine Geburt, nein, nichts ist klar,
solche Torheiten waren nicht rar.
Du bedarfst eines rechten Weges,
einer rechten Ordnung, eines Segens.
Diese Bedürftigkeit und Abartigkeit
sind fern von allem, was gescheit.

Worauf soll das hinauslaufen, Jung',
wenn du das Klosett umarmst so dumm.
Hinauslaufen tut deine Gesundheit,
tu dies doch lieber mit deiner Torheit.
Spül' sie und alles Trübe weg,
und werden wir gemeinsam wieder keck.

STUDIOSUS *(zwischendurch erbrechend)*:

Das Klosett ist zu mir recht nett,
es wird auch eines Tags mein Sprungbrett.
Ich brauche Höhen, Mutter, Höhen,
und möchte hoch hinaustönen.
Mein Drängen, mein Bedürfnis
laufen aber kümmerlich ins Nichts.

Mich umgibt ein stetes Grausen,
obwohl ich wie ein Komet könnt' brausen.
Es bedarf eines Wandels, einer Veränderung,
nötig ist eine Art besonderer Sprung.
Ein Sprung ins beängstigende Ungewisse,
weit und fern jeglicher Kompromisse.

STUDIOSUS *(singt)*:

Hinfort! Hinfort! Du unendliche Dunkelheit,
mit tausenden Augen erblickst du deine Mahlzeit.
Du schnüffelst gierig an deiner Beute,
verzehren willst du die ganze Meute.
Hinfort! Hinfort! Du unendliche Dunkelheit,
ergreifen wirst du mich, zu keiner Zeit.

Hoffnung gibt's, sie ist das Lichte,
verscheucht, verschreckt das Bösartigste.
Sie spendet Trost und erweckt die Kraft,
die notwendig für eine neue Errungenschaft.
Sie schenkt Wärme und auch Stärke,
bis zum erhofften und wahrhaften Werke.

(Studiosus schläft erschöpft ein.)

Im Bette wieder ruhend, es ist Nacht

(Studiosus träumt und ist unruhig.)

STUDIOSUS:

Nein! Nein! Welch ontologisch' Sein!
Wo ist der Fluss, wo ist der Rhein?!

(Im Traum, eine dunkle Gasse.)

STUDIOSUS:

Welch unbekannte Gegend, alles scheint mir fremd,

welch schmerzend' Feuer nur in mir brennt.
Ich seh' ein Rad, das im Kreise dreht, unaufhaltsam.
Es ist mein Geist, jegliches Tun ist unwirksam.
Wo bin ich nur? Mach einer doch das Lichte an,
um der Orientierung willen, bitte mach an!

Oh, ich hatte es nie mit den Kreisen der Geometrie.
Des Menschen furchtbarste Form ist sie,
diese Schneckenlinie, diese Spirale,
das Erkennen erlischt in ihr für alle Male.
In ihrem Strudel, in ihrer Schraubenlinie,
vergeht jeder Sinn und alles Sublime.

Nur ein Zauber vermag einen
aus ihrer verzweifelnden Unendlichkeit befreien.
Ich will vergehen, doch kann ich mich nicht bewegen,
man kann dieser Kondition nicht fremdgehen.
Sie ist einem ein treuer Partner,
ihre Spezialität ist die endlose Marter.

Nur drehen tut sich immer alles,
das Rad, entflammt, ist ein feuriges.
Es wird zur kompletten Raserei,
es dreht und dreht, welch Quälerei.
Morpheus, Hypnos, bringt mir milden Regen,
ich brauche nun einen Himmelssegen.

He! Wer da?! Über deinem Kopfe scheint mir,
würde es flackern. Da! Über dir!
Grausen, man möchte meinen, ein Irrlicht,
mach's aus, so eines möcht' ich nicht!
Nenne dich, gib dich zu erkennen,
ein Phantom möchte man es nennen.

ORKUS:

Ah, welch Unheil, welch Tragödie,
darüber schreiben kann man keine Komödie!
Wer kam auf die Idee, das ist nicht nett,
zu bezeichnen mit meinem Namen das Klosett!
Bei allem Unterweltlichen, den möcht' ich finden
und mit einem Feuerchen zum Singen bringen!

Doch erst zu dir, mein verlor'ner Freund,
am schönsten ist's, wenn das Verlorensein einen
umzäunt.
Einen Zaun basteln, der dich gelegentlich piekst,
welch Wonne, wenn du wie ein Schweinchen quiekst.
Warum klagst du, nichts kann dich berühren,
nichts antasten, nichts nahe kommen, nichts befühlen.

So will doch jeder am Leben partizipieren,
sich für nichts mehr genieren oder interessieren.
Ohn' Gefühl, so ganz apathisch, ohn' Leid,
so ein Leben ist doch ganz gescheit.
Was kümmert's dich, wohin der Pfad führt,
wenn die tausende dich lassen unberührt.

Setzen wir uns doch in die gute Stub',
und genehmigen uns einen kleinen Zug,
ins nirgends, nimmer und nirgendwo
und singen ein Liedchen, fröhlich Jo-ho!
Wir können auch darüber philosophieren,
wie es ist, in die Unendlichkeit zu vegetieren.

Bis dass das grenzenlose Unwissen
dich deine Wahl lässt vergessen

und du freudig ins Leere blickst,
womöglich freudig daran erstickst.
Aber kümmere dich nicht ums Ersticken,
die Unendlichkeit sorgt stets für Erquicken.

Aus den möglichen Pfaden des Lebens,
destillieren wir einen bequemstens.
Dein Aug' möcht' mehrere sehen,
doch dein Geist wird sie nicht verstehen.
Daraus machen wir dann einen,
dieser wird dann zu dem deinen.

STUDIOSUS:

Da spricht einer ganz erfahren,
ich möcht' vor Schreck zusammenfahren.
Dein Angebot klingt recht süße,
so ganz unbefangen, leger, voller Genüsse.
Nur die Leere ist mir nicht ganz behaglich,
sehne mich doch eher nach Fülle, verstehst du mich?

Ein Gefäß so ganz ohne Fülle,
vermisst nämlich seine rechte Idylle.
Die unendliche Leere kann nicht erfreuen,
wegen ihr wird man nach langer Zeit nur reuen.
Sie erquickt auch manches Mal,
wenn's überquillt, führt's auch nur zur Qual.

ORKUS:

Hast einen Standpunkt also vor Augen?
Das will mir den Atem rauben.
Ein Ziel willst du doch nicht,

es ist ein Punkt, der nichts verspricht.
Ein Punkt, der aber rollt und immer rollt,
das ist ein Punkt, der's wohl gewollt.

Immer weiter, einer, der immer dreht
und spendet dir, was nur geht.
Glaube mir, ein rollender Punkt ist schön,
ihm kannst du nicht argwöhn'.
Er ist des Menschen bester Geselle,
weiter treibt er dich, wie ein Glas freudiger Helle.

STUDIOSUS:

Genug der Rede über Punkte,
ich benötige keine Spelunke.
Und auch keinen, der mich befreit.
Ich weiß, was nötig, ich bin bereit.
Laben kann ich mich nicht in deinem Angesicht,
es ist eins, das keine Wahrheit verspricht.

Ich fühle den Regen, ich brauche ein Bad
und erlöschen wird das drehende Rad.
Abwaschen will ich mich und sühnen,
danach mich mit Erfolge rühmen.
Du bist mir zu nichts nutze, Orkus,
verschwinde lieber du auch in den Fluss.

(Studiosus springt auf ein Mäuerchen. Unten fließt der Rhein.)

Liebe Mutter, verzeihe mir,
nun steh' ich auf der Schwelle hier.
Auf der Schwelle, dem Übergang,

der so nah zum Untergang.
Ein Sprung, um der Rettung willen,
dem Herausbrechen aus dem stillen Unwillen.

Ich bin bereit, das unnütze Kleid abzulegen,
mich neu zu bedecken, neu darzulegen.
Ich komme in ein neues Gewand,
nie war ich so gespannt.
Mit einem Sprunge ins Wasser,
wird das Leben einem gelassener.

ORKUS:

Sehr wohl, sehr recht,
immer zu, immer zu ins Gefecht.
Schön, dass du dich entscheidest
und nicht mehr leidest.
Ich lasse dich gehen,
wir konnten einander ja nicht versteh'n.

Fürchte dich nicht, ich bin da.
Ich werd' von dir lassen, glaube mir, ja?
Soweit ich kann, soweit es geht,
wir wollen nicht, dass es um die Seel' schlecht steht.
Immer voller Courage,
sonst bringst du mich noch in Rage.

(Orkus ist zornig, aber froh um den vermeintlichen Tod des Studiosus. Studiosus erwacht verängstigt und setzt sich auf's Bett.)

Aufwachen

STUDIOSUS:

Auweia, was für ein beängstigender Traum,
trunken eröffnet man der Phantasie neuen Raum.
Ich möcht' lachen, wie schwebend diese war,
gab meinem Kopfe neue Gedanken gar.
Im Bette liegen scheint mir heut' sehr arg,
ein Sterbebett scheint's, es fährt mir durchs Mark.

ALMA MATER *(ruft)*:

Aufgestanden, der junge Mann,
nach dem Hinlegen folgt das Aufstehen dann.

STUDIOSUS:

Ich werde noch ein bisschen verweilen
und danach zum Arbeitstische eilen.

ALMA MATER:

Beende dies furchtbare Katzengejammere,
setz' den Fuß beherzt in die Welt und arbeite.

STUDIOSUS *(steht auf und geht zum Arbeitstisch.)*:

Jetzt geht es wieder zurück,
zurück zu meinem Unglück.
Ich blicke in einen matten Spiegel,
ach! Und möcht' mich in Farbe wiegen.
Ich kann dich, Jura, nicht lieben,

schon gar nicht dir dienen.

Ich kann dich nicht achten,
kann nicht nach dir schmachten.
Dies Katzengejammere kommt von dir,
ein giftig' Dorn, der das rechte Laufen verbietet mir.
Kein Wunder, dass ich krumm geh',
mich befällt eine Krankheit, oh weh!

Um mich ist es gescheh'n,
wenn ich so muss weitergeh'n.
Es kann nicht jedes Individuum
sein Glück in der Jurisprudenze tun.
Es ist mir ein Studium für's Brote
und auch mein naher Todesbote.

Nur, das Brot ist ja nun mal
erst in ein paar Jahren nah.
Dieses Jahr hat aber der Tage viel,
welche sich wandeln zu dies nihil.
Die Zeit wird zu lang,
nur ums Altern ist mir dann nicht bang.

Jetzt fängt's wieder an,
im Kopfe dreht alles im Wehmutsklang.
Schon lechzt es nach einer Kühlung
mit kaltem Trunk, einer Spülung.
Wie soll man's aushalten ohn' Betäubung,
ohn' Schmerzmittel, ohn' arzneilicher Rettung.

Es ist mir wieder nach einer Flucht,
meine lyrische Faulenzerei, meine süße Frucht.
Dies' Hohle und Gähnende Nichts,

die Kraft meines jungen Herzens, sie bricht.
Berge könnt' sie bewegen, Bäume reißen,
nur so, so kann man sie aus dem Fenster schmeißen.

So wird der Mensch melancholisch,
anstatt freudig und euphorisch.
Das einzige, das einen packt, der Weltschmerz,
einengen tut es einen und auch dessen Herz.
Befreien muss man sich von diesem Bande,
es zweckentfremden, als Rettungsgurt für die
Treibsande!

Jetzt bin ich schon matt und verblasst,
einen Kaffee brauch' ich, so verhasst.
Bei meiner jetzigen Positivität
springt mir sicher das Feuer ins Gesicht, mit Rigorosität.
Was für eine Flamme, welch starker Herd!
Was passiert? Die Flamme schneidet wie ein Schwert!

GENIUS *(entspringt aus der Flamme.)*:

Liebster Studiosus, verzeih die Glut,
tritt näher, sei nur voller Mut.
Der Auftritt eines Geistes
darf nicht zu bescheiden sein, so heißt es.
Aus der Flamme entspringe ich
und suchte dich, Studiosus, nur dich!

Bei flammenden Fragen, wie bei dir,
benötigt es flammende Antworten, vertraue mir.

STUDIOSUS:

Das war's, er ist hin,
mein Verstand, er verliert den Sinn.
Wie kannst du nur da steh'n?
Nichts mehr kann ich versteh'n!
Husch, husch, du lässt Angst entsteh'n
und meiner Mutt' die Dekoration zur Katz geh'n.

GENIUS:

Keine Sorg' um die Dekoration,
bin hier wegen höherer Performation.
Des Menschen Blick ist manchmal trübe.
Verhelfen, ihn zu reinigen, ist mir genüge.
Es ist so oft wie mit den Augengläsern,
die voller Dreck die Sicht gar schmälern.

Ein Sprüchlein und die Sicht ist rein,
ein Sprüchlein und die Welt ist dein.
Dem inn'ren Aug' ist die Verwirrung ein Raub,
wie das Ohr wird es ganz taub.
Entfernen werde ich dir die böse Schimäre,
lieben wirst du das Leben, bei meiner Ehre!

STUDIOSUS:

Ich grüße dich, lieber Geist,
glaub' zu verstehen, was du meinst.
Das Aug' reinigen wie die Brill',
die Welt schiene einem sicher schrill.
Ich sehe nicht, gewiss, das ist klar,
die Einsicht ist mir nicht da.

GENIUS:

Gewiss, du siehst den Walde nicht,
mir scheint, ein Baum versperrt dir die freie Sicht.
Den Weg drum herum, nimm ihn,
und dann einfach weiterzieh'n.
Lasse deinen Blick mal wieder schweifen
und dein Glück wird dir Altbekanntes neu heißen.

STUDIOSUS:

Nur seh' ich hier keinen Wald.
Wie soll ich ihn finden, so alsbald?
Blindheit ist wohl mein Gehalt,
in allen Formen nahm sie Gestalt.
Ich sehe nicht, was du siehst,
ich sehe nicht, welchen Plan du schmied'st.

GENIUS:

Lieber Studiosus,
Rettung gibt dir einen Kuss.
Den Kopf ein bisschen dreh'n,
dann wird's sicher versteh'n.
Die Aug' nun wenden
und Ende mit dem Blenden.

(Genius verschwindet.)

STUDIOSUS:

Oh je, nun ist er weg,
war aber recht nett.

Mir wird plötzlich so ganz warm,
die Glieder weniger lahm.
Es ist als hört' ich eine Melodie,
Noten, Musik, eine Symphonie.

Ich sehe dich, mein lieber Flügel,
du sagst, abwerfen soll ich die Zügel.
Ein Bächlein, noch so klein,
sprenget die Felsen, ist nicht mehr sein!
Er fließt, sprudelt, flutet, wird zum Fluss,
von hundert Seiten, sich ergießt, welch Genuss!

Läuft, reißt, strömt, wird zum Meer
und immer mehr und immer mehr!
Tosend fühl' ich die Erd' erbebend,
alles umwälzend, alles belebend.
Ich zittere und erlebe vor Kraft,
in mir fließt ein neuer Lebenssaft.

(Studiosus setzt sich an den Flügel und spielt in Euphorie.)

Welch ein Hochgefühl, welch ein Rausch,
welch ein wunderbarer Tausch!
Die Hände fließen über dir,
mein Freund, bitte verzeihe mir.
Überall quillt höchste Wonne,
in mir geht auf eine neue Sonne!

Eine Melodie nach der andern,
lauter Balsam folgt, ohne Zaudern.
Welch Resonanz, die lieben Saiten,
erklingen durch alle Zeiten!

Das schöne Gehäuse, liebe Pedale,
aus dem Infernale, immer tiefer ins Labsale.

Ah, welch eine himmlische Tour,
küssen möcht' ich dich, liebe Klaviatur!
Jede Taste, jede einzelne,
ist ab jetzt nur die meinige.
Spielen kann ich nicht piano,
forte geht nur, raus aus dem Inferno.

So ist es also, so war's gemeint, du Blinder!
So lebt und musiziert man mit dem Hammer!

ALMA MATER:

Was redest du nur da die ganze Zeit,
ist es jetzt wieder soweit?
Junge mein, welch seliger Ton,
das ist wahrhaft schön, mein Sohn!
Dabei geht mir das Herze auf.
Los, wir wollen essen, auf, auf!

STUDIOSUS:

Mutter sieh' doch, siehe nur,
diese wohltuende Apparatur.
Es ist, als bekäm' ich Flügel
und der Teufel eine Tracht Prügel.
Nein! Der Weg ist da, er geht himmelan.
Antreten werd' ich ihn, Mutter, fortan.

Welch ein Trost, Mutter, welch ein Trost!
Das ist schön, darauf nur ein Prost.

Wir wollen fröhlich sein,
die Dunkelheit wird wieder klein!

ALMA MATER:

Nichts da! Froh wollen wir sein, jaja.
Nur bleibt der Kopfe dabei ganz klar.

Gaststätte *(Studiosus und sein Bruderherz.)*

BRUDERHERZ:

Mich trifft der Hammer,
du lebst und tust kein Jammer.
Wie hast du's fertig gebracht
und dich von deiner Mutt' davongemacht?
Ich dacht' ich seh' dich nimmermehr,
nach dem weggespülten Bieresmeer.

STUDIOSUS:

Bruder, hör' mir zu,
was mir passiert, höre nur!
Mir ist's so leicht geworden,
Ballast hab' ich abgeworfen.
Es ist, als würd' ich schweben,
den Wundern der Welt mich ergeben.

BRUDERHERZ:

Hast wieder ohn' mich angefangen,
Bruder, und bist nicht mehr befangen.

Bin gespannt auf die wundersame Geschicht',
gibt's auch Kobolde, auch Zauberer, oder nicht?
Momentchen, da fehlt noch was,
gleich singen wir und haben Spaß.

Erzähle nur, bin gespannt,
und sicher ganz gebannt.

STUDIOSUS:

Gerne, wir möchten noch freudiger werden,
reiten wir wieder auf den Sternen.
Es war mir fast unwirklich,
doch wahrlich, es war nur wirklich.
Mir ist da wer erschienen,
und hat da was gepriesen.

BRUDERHERZ:

Ich will nicht unterbrechen,
war das vor oder nach dem Erbrechen?

STUDIOSUS:

Bruder, es war am Tage darauf,
ich war wieder wohl auf!
Glaube mir, so ist's passiert,
nie hast du eine Lüg' von mir kassiert.

BRUDERHERZ:

Was wurde denn besungen?
Wer ist da zu dir gedrungen?

STUDIOSUS:

Es war ein Geist,
glaube mir, ein Feuergeist!
Man nennt's einen Salamander,
er kam und wir sprachen einander.
Seine Worte taten beleben,
sie gaben mir wieder Lust zum Leben.

Er wies mich darauf hin, zu erblicken,
was ich fast in mir wollt' ersticken.
Über des Menschen Aug' ward gesprochen,
dass es nicht recht sieht, dass es gebrochen.
Ich sah bloß andersartig, auf andere Weise,
erblickte an anderer Stell', eine neue Reise.

BRUDERHERZ:

Bei allem, was wir je getrunken,
ich bin in die Tiefe versunken!
Was redest du da, ein Geist?
Bin unsicher, ob ich versteh', was du meinst?
Ich hab's schon gehört, dass sie erscheinen,
wenn die Zeit kommt, wenn sie es meinen.

STUDIOSUS:

Jawohl! So war's, Bruder, und die Zeit kam,
der Hilfe willen, an meinem Leid er teilnahm!
Ich werde mir der Sache wieder gewahr,
ich fühl's und seh's kommen, es ist ganz nah'.
Zeiten des Kummers und der Höllenpein,
sie kann ich jetzt selber entzwei'n.

BRUDERHERZ:

Ach! Mein Getreuer, mein Bruder,
bin froh, dass du wieder so munter.
Wahrlich, in diesen dunklen Stunden
bin ich mit dir fast versunken.
Beide sollen wir hoch emporsteigen,
gefolgt vom Klange tausender Geigen.

STUDIOSUS:

Fürwahr, nur mit den Geigen,
die wollen's mit mir gut meinen.
Es steigt hinauf meine Schicksalsmelodie.
Ich bin so froh wie noch nie.
Nur Musik ist in meinen Ohren,
es ist, als wär' ich neu geboren.

BRUDERHERZ:

Los, Bruder, mir wird's auch ganz hell,
trinken wir beide aus deinem Freudenquell.
Ich möcht' dich nimmer so seh'n,
wie es dir leider musste ergeh'n.
Diese Qual, diese Melancholie,
diese Drangsal, diese Agonie.

Mein Bruder, mein Herz geht auf,
unermessliche Freuden quillen herauf.
Wie sagt man? In meiner Brust reinste Heiterkeit,
mein Getreuer, vorbei ist's mit der Bitterkeit.
Ich spür' die Neuordnung des Kosmos,
just zur rechten Zeit erwischst du den Kairos!

STUDIOSUS:

Ich danke dir, liebster, redlichster Favorit,
anders hätt's nicht geklappt mit meinem Transit.
Ach, getroffen hast du die rechten Worte,
der besten Gattung bist du, der besten Sorte.
Ich danke dir, du hattest ein Ohr,
auch wenn ich stammelte wie ein Tor.

BRUDERHERZ:

Mein Bruder, nichts zu danken,
die Liebe kennt keine eigennützigen Schranken.
Was ich tat, war keine Investition,
kein Kalkül, sondern eine Liebesmission.
Du weißt, wie es ist, du kennst unsere Natur,
Bescheidenheit schafft alles mit Bravur.

STUDIOSUS:

Ach, ich möcht' vollends vergeh'n.
Wieso will keiner sonst das versteh'n?
Wenn das nicht sein soll eine Wahrheit,
dann verbrenn' die Werte, die Ideale, alles nur Torheit!
Mein Bruder, du bist ganz gescheit,
verbreiten werden wir's weit und breit.

BRUDERHERZ:

Das werden wir ganz gewiss,
aufdecken der Liebe Geheimnis.
Der Mensch darf nicht ohn' Herzenswärme,
ohn' Gefühl, Innigkeit, Leidenschaft, ist's derbe.

Ohn' Zuneigung, Passion, ohn' tiefe Empfindung,
gefühlsarm verliert er seine hohe Gesinnung.

Es sind die Tränen des Gefühls Diamanten,
seien wir für immer ihre Wächter und Trabanten.
Erblicken tut man sie recht selten,
doch sie mögen für das Höchste gelten.
Weint, lacht, liebe Leut', seid verstimmt,
bevor Orkus euch eure Seele nimmt.

STUDIOSUS:

Bruder, was für ein menschheitlicher Appell,
die Empfindung soll wieder scheinen ganz hell.
Es stimmt, wohl wahr, sie ist vielen abhanden
gekommen.
Wurde beerdigt, sogar ihr Grabstein ward genommen.
Der Stein ward knapp, verfiel einem Nutzen,
dessen Zweck woanders lag, ließ keinen stutzen.

Außerhalb der nützlichen Kreise
gibt es noch Welten, haufenweise!
Verhüllt aber sind die Arten und Weisen,
wie der Mensch sich davon kann speisen.
Wir möchten's sie sehen lassen,
so dass selbst ein Automat kann Gefühle fassen.

Los, Bruder, wir wollen es sofort verheißen,
hie' und jetzt, das Menschliche im Menschen preisen.

BRUDERHERZ:

Wird nicht leicht, ein Gefäß zu füllen,

das sein Deckelchen nicht möcht' enthüllen.
Könnt' leer sein, aber auch voll,
diese Barrieren sind uns ein Groll.

STUDIOSUS *(wendet sich zu den Gästen, es ist aber
nur einer da)*:

Es gilt nun allen Erdengästen,
hie' und jetzt tun wir die Menschheit verletzen.
Es ist Hochverrat, umgesetzt in die Tat,
auch gebunden an Nation und Hofrat.
Wecken wir das Lebendige in uns,
was fühlt, was wühlt, was rührt, die Inbrunst.

Die, die lebt, die bebt, die sich regt,
bei der das Kalte zergeht, das Mitleid erregt.
Erwecken wir aus dem nächtlichen Schlummer
verlorene Worte, wir Selbsthenker!
Leidenschaft, Zartgefühl, Empfindsamkeit,
geben wir ihnen eine Lebensmöglichkeit.

Weichherzigkeit, Herzlichkeit und Herz,
es ist in Ordnung, zu fühlen den Schmerz.
Letztendlich ist es die wahre Anteilnahme,
die am Leben ermöglicht jegliche Labsale.
Kennt ihr die Einfühlungsgabe,
oder tragt ihr sie zu Grabe?

GAST:

Mir musst du nichts sagen,
ich bin auch einer, der musst' Leid ertragen.
Die Humanität hab' ich nicht allein vertrieben,

mein Gefühl kannst du recht hoch wiegen.
Herzlicher Studiosus, von dem du sprichst,
zu finden hier ist er heute nicht.

Geleitet von dunklen Mächten,
werden die Gesuchten, die Ungerechten.
Nicht derjenige, kraft der Rede sich nackt enthüllt,
zeigt, dass er sein Leben lang in Unverständnis wühlt.
Gut getarnt sind sie leider, ein Blick bringt oft nicht
weiter,
sehen aus wie du und ich, sind manchmal sogar Weiber.

Nobel ist dein Unternehmen,
lasse dir das bloß nicht nehmen.

(Gast geht nach Hause.)

BRUDERHERZ:

Das war ein guter Anfang,
so möchten wir's fortführen dann.
Ehrwürdig ist deine Mahnung,
es bedarf aber auch weit'rer Planung.
Bruder, lasse die Leidenschaft blühen
und dann lasse sie in Worte erglühen.

Nur, wie sieht's nun bei dir aus,
bis jetzt blieb fern der Applaus.
Ist immer schön, mit dir zu philosophieren,
nur willst du dich wieder enkadrieren.
Mir bangt es um die Bürokratie,
ich kenn' dich, dein Gefühl, die Antipathie.

STUDIOSUS:

Fürwahr, dafür braucht's mindestens zwei Mann,
um sich nicht hinabzustürzen, von einem Damm.
Jetzt sticht das schon von allen Seiten,
wahrlich, dies Papier kann nur Kummer bereiten.
Bei bester Intention fasst dich höchste Schwermut,
man wird lahm, regungslos, stocken tut das Blut.

BRUDERHERZ:

Jetzt fängt's schon an, Bruder,
ich helf' dir, wir reißen schon dies Ruder.
Ein Kreuzchen hie' und eines dort,
dann schicken wir das Papier schnell fort.
Ein paar Namen, paar Zahlen, flink, doch bedächtig.
Werde mir bloß nicht ohnmächtig!

STUDIOSUS:

Oje! Ich werd' dessen nie mächtig,
Ah! Gänsehaut! Sagen wir, wir sind fertig.
Ewiges Unkraut, wir wollen's vergessen,
uns irgendwie da durch pressen.
Taub werden schon meine Ohren,
einer wünscht, er sei hier nie geboren.

Schon hat's mich fast hinweggerafft,
drum lechzet einer auch nach Gerstensaft.

BRUDERHERZ:

Du bist auf dem rechten Wege,

gleich bist du wieder oben, oben auf dem Stege.
Bruder, ich werd' so langsam müd'
und die Augen werden mir trüb'.
Lass uns gehen, uns ins Bette legen,
und die Morgendämmerung erleben.

STUDIOSUS:

Hast Recht, Bruder, genug gezecht.
Morgen biegen wir alles zurecht.
Ein neuer Tag will anbrechen,
Neues werden wir anfechten.
Tausende Strahlen scheinen entgegen,
erscheinen wird's im neuen Leben.

Ich will dir tausendfach danken,
du entzündest in mir glückliche Gedanken.
Sollst dich wohlig im Schlafe wiegen
und morgen wollen wir gemeinsam siegen.
Ich halt' hier noch ein bisschen Wache,
bevor ich geh' zum Schlafgemache.

BRUDERHERZ:

Nichts zu danken, wir wollen scheiden,
doch sollst du nicht zu lang das Bette meiden.
Es ist immer ein schön' Behagen,
wenn unsere Herzen im Glücke baden.
Auf baldig Wiedersehen,
und auf ein junges, feuertrunkenes Entstehen.

Ei, eins hab' ich fast vergessen,
wie ist's mit dem Mädchen, von dem du besessen?

Will sie noch immer nichts wissen,
von deiner Herzenswärme, den innigen Geschehnissen?

STUDIOSUS:

Bruder, nein, sie will nichts wissen,
nichts von meinen Gefühlsgeheimnissen.
Die Liebe meint's nicht lieb in diesen Tagen,
mein Leben möcht' sie nicht hübscher haben.
Ein weiser Rat, wenn es einem geht so schlecht,
dann geht es einem einfach schlecht.

Der Liebesgedanke will mich aber wärmen,
Aphrodite lässt mich in Liebesträumen schwärmen.

BRUDERHERZ:

Dann soll sie gut zu dir sein,
sollst dich nun konzentrier'n auf dein Dasein.
Die Frau aus deinen Träumen
wird kommen und dein Herz wird sich freuen.

STUDIOSUS:

Ich glaube!

(Bruderherz geht. Studiosus sitzt allein.)

Nach wie vor im Café, ein neuer Gast tritt ein

STUDIOSUS:

Wahrlich, aufbegehren will ein neues Ich.
Das alte abgeworfen, das will es nich'.
Welch ein wohltuender Frohsinn,
es zeichnet in mir einen frischen Beginn.
Es ist schön, macht alles bunter,
heute waren wir zur Genüge munter.

Wunderbar, wenn Sorgen Flügel kriegen,
wenn sie dann ins Nichts verfliegen.
Oh! Wer kommt da noch zur Runde,
zu dieser doch so späten Stunde?
Ein älterer Mann mit langem Gewand,
und einem Kantharos in seiner Hand.

LYÄUS:

Ha! Ha! Ha! Welch schöne Aussicht,
wenn noch ein Vasall zu dir spricht.
Werter Studiosus, ich setz mich zu Ihnen,
welch Glück, wenn einer einem noch lange will dienen.
Schön ist's, dass die Freude einen erreicht,
dass wegen Wein und Rausch keiner erbleicht.

So ist's mit den Unsterblichen,
können Sorgen Flügel verleihen den Endlichen.
Können Trost und Freude ihren Lieben spenden,
und alles noch zum Guten wenden.
Ei, schön ist's, zu sehen,
dass Sie wieder wollen aufstehen.

STUDIOSUS:

Ei, ei, ei, nie wieder diese Zecherei,
traue meinen Augen nicht, es ist vorbei!
Himmel, Wasser, Feuer und Erde,
welche Tiefen entfaltet meine Misere.
Ich möcht' vergehen, der Dominus,
ich seh's kommen, gleich ist Schluss!

LYÄUS:

Ha! Ha! Ha! Kein Grund zum bangen,
mit dem Frohsinn wird's erst anfangen.
Wenn du mich kannst erkennen,
den Verlierern willst du dich bekennen.
Keine Angst um den Verstand,
du hast schon den richtigen Stand!

Dem Schwächeren in der Not,
ersparst du den sicheren Tod.
Ist schön, wenn man nimmt keine Rücksicht,
auf sich, auf sich selbst und übt Verzicht.
Besser ein unzufriedener Mensch sein,
als zufrieden und ein Schwein!

STUDIOSUS:

Wahrhaftig, ich erkenne dich,
den Efeu, die Ranke, oh je! Ich fürchte mich!
Ich lieb' Katzen, nur, was da rein kommt, der Panther,
der könnt' mir antun ganz böse Wunden und Kratzer!
Halt ihn doch bitte auf Distanz,
nicht, dass er mit mir führen will einen Tanz.

LYÄUS:

Ha! Ha! Ha! Nennen tut man mich den Sorgenbrecher,
bleiben Sie schön ruhig, mein lieber Zecher.
Der Panther ist mein treuer Gefährte,
tut nicht wunden und kratzen, fand aber Ihre Fährte.
Ich besuche Sie, weil sie ein treuer Huldiger,
und ich fürchtete, Sie zu sehen nie wieder.

STUDIOSUS:

Ein Nimmerwiedersehen ist auch eine Sorge,
bin aber Ihr Getreuer, zur Genüge.
Möcht' nur raus aus meinem Grabe
und mich Weltenwundern widmen, ganz brave.
Nicht scheiden von der Unbeschwertheit,
unserer lustigen Gemeinsamkeit.

Wollen möcht' ich hoch hinaus,
vorbei an Ihnen wäre ja ein Graus.
Wir spinnen einen neuen Faden,
und wollen uns am frischen Glücke laben.
An fröhlichen seligen Tagen,
zusammen den Kummer vergraben.

LYÄUS:

Schöne Worte gibst du zu hören,
wachsen sollst du zu weit Höherem.
Es ist wahrlich ein Wohlgefallen,
dass du nicht zum Orkus hinuntergegangen.
Ei! Studiosus, so wollen wir's haben,
gemeinsam fliegen auf neuen Sonnenstrahlen.

Scheiden von der Unbeschwertheit,
Das wäre ja eine Unmöglichkeit.
Sie hätten sollen den lieben Gambrinus sehen,
als er, um die Wett' wollt' zechen geh'n
der Arnulf von Metz sollt' uns Schiri sein,
wollt aber nicht mit, der Gewinner, sollt' keiner sein.

Nun aber, du weißt, wie es heißt, werter Anselmus,
liebe, glaube, hoffe, bis zum Schluss.
Der Sinn wird dich sodann küssen
und dir die Wahrheit verkünden müssen.
Bis dass du zu den seligen Gefilden,
im Elysium, der Ankunftsinsel, dich wirst wiederfinden.

Es ist wahrhaftig hübsch, wie du rausschlüpfst,
gleich einem Schmetterlinge, mutig raushüpfst,
dem engen Kokon entsagst, mit dem du dich plagst,
und zu unbekannten Ebenen mit Flügeln dich wagst.
So soll's sein, guter Sohn,
treffen sollst du den altverehrten Weltton.

STUDIOSUS:

Danken tu ich Ihnen für die liebe Gunst,
widmen werd' ich mich der ehrwürdigen Kunst.
Bin froh, dass es nicht um mich geschehen,
wie es sein könnt, in die Leere zu verwehen.
Wir wollen uns auch in Zukunft einen,
und uns trunken vor Harmonie zeigen.

LYÄUS:

Ich will dir noch ein Präsent überreichen,

als Zeichen der Ewigkeit, für deinesgleichen.
Nie soll dein Werk vergehen mit dem
Akanthusblättchen,
nie in den Zeiten untergehen, ein heilig' Versprechen.
Lorbeeren, frisch und grün, dich bekränzen
und deiner Natur ein Zeichen setzen.

Schöpfe, erschaffe, kreiere sodann,
und werde ein Vollkommenheitsmann!
Lasse uns aber noch ein Stück spazieren,
ein bisschen, bis zum Flusse flanieren.
Ich sah dich unruhig in deinem Traume,
als dich verführen wollt' der göttliche Banause.

STUDIOSUS:

Sie waren auch da, Dominus,
und sahen den Sprung in den Fluss?!

LYÄUS:

Ein herzhafter, kühner Sprung
kann reinigen von jeglicher Blendung.
Das Wasser befreit von manchen Dingen,
und führt zu neuem Gelingen.
Wage den Sprung, Studiosus,
lasse ab und mache Schluss.

STUDIOSUS:

Eine Beziehung will ich beenden,
und vor Glücke ins Schwebende enden.
Mich tragen lassen in aller Fröhlichkeit,

und baden in reicher Heiterkeit.
Ich bin wahrlich glücklich,
und keine Furcht plagt mich.

LYÄUS:

Wir sind da, junger Mann,
schau ihn dir nur an.
Wo er hin quillt, erblickt man nicht.
Wo er herkommt, sieht man nicht,
doch ist er da und fließt,
für den, der den Augenblick genießt.

Springe du in den Fluss der Zeit,
und sei für Jegliches bereit.
Bange nicht, du wirst getragen,
wirst geführt zu neuen Gestaden.
Lichte den Anker, Seemann, lüfte das Geheimnis,
und fürchte nicht, unterzugehen, wie Atlantis.

STUDIOSUS:

Wahrlich, ein Sprünglein wagen,
geführt ist man zu neuen Gestaden.
Ich bin so froh, alles wird gute,
ich seh' die selige Zukunft, voller Mute.
Ich danke erneut, auf baldig' Wiedersehen,
freudig soll's uns immer ergehen.

Ade, lieber Dominus,
es war mir ein Genuss!

(Springt vollen Mutes und jubelnd ins Wasser.)

Vor der Akademie

(Studiosus sitzt auf der Mitte des Treppenstegs.)

BRUDERHERZ:

He da! Was tust du auf den Stegen?
Willst wohl ein neues Gesichte pflegen!
Bist früh auf, guter Student,
warst heut' gegen die Uhr konsequent.
Da schießt aus einem die Motivation,
leitet dich frisch zu blühender Intention.

STUDIOSUS:

Beileibe, ein Aug' konnt' ich nicht zudrücken,
es war mir, als ging ich zu den Verrückten.
Ich denk', dies tat auch Not,
ganz ordinär und regulär kommt's nicht ins Lot.
Ich hatte wieder ein nicht alltägliches Erlebnis,
gar was Unübliches, ein ungewöhnlich' Geschehnis.

BRUDERHERZ:

Ich versteh' nicht ganz,
hattest wohl noch einen Tanz.
Bruder, die Zeit will dich sehen,
zum Termin, los, aufstehen!
Es wird gar wunderbar, dich zu hören,
die Leutchen wirst du schön betören.

STUDIOSUS:

Auf, auf, ich wart' noch auf die Mutt',
sie möcht' ihren Segen geben, und viel Glück.
Das kann ich gut gebrauchen,
bevor ich da sollt' auftauchen.
Es wird mir seltsam, bin zittrig,
meinem Gemüte scheint das zu heftig.

BRUDERHERZ:

Vertraue nur auf deine Melodie,
so eine gab's noch nie.
Spiele nur verträumt, wie du bist,
gut enden wird's, ganz gewiss!

ALMA MATER:

Wir wollen gehen, los, ab, ab!
Kommst noch zu spät, los hinab!
Ei, mein Sohn, auf ein Neues,
ich drück' dir die Daumen, du packst es!
Sei ganz ruhig, wir denken an dich.
Ein neuer Pfad birgt Unbekanntes, so ist's üblich.

STUDIOSUS:

Sehr wohl, wir wollen gehen,
und die Welt wird's irgendwie verstehen.
Wir möchten den Augenblick umarmen,
ihn drücken und uns an der Freude laben.
Wahrlich, dies sind Schritte besonderer Natur,
mir ist, als hätt' ich Flügelschuhe an, zur neuen Montur.

ALMA MATER *(heiter):*

Ei, und fliegen sollst du, mein Kind,
vergiss den Helm nicht, wenn du fliegest geschwind.

BRUDERHERZ:

Weit ist es nicht mehr, mein Getreuer,
setz dich zum Flügel, alles wird geheuer.

Treppensteg zur Akademie

ALMA MATER:

Ach, jetzt wird mein Filius Musikant,
ich hoffe nur, dass er angelangt.
Wohin dich dein Inneres plagt und erfreuet,
besser so, als dass man's bereuet.
Viel Glück, mein Liebster,
mein Alleiniger und Bester.

Ich denk' an dich und bange nicht,
diese Leut' sind dir ähnlich, vergiss es nicht!

BRUDERHERZ:

Freilich, das stimmt,
ach, bin so hochgestimmt.
Das ist mein altbekannter Studiosus,
und nachher bist du Studiosus und Musikus.
Lasse die Noten sie aufwirbeln,
so dass es ihnen im Bauche wird kribbeln.

Martere jetzt nicht deinen Geist,
alles war und ist nur Vorspiel, wie es heißt.

STUDIOSUS:

Meine Liebsten, es ist so weit,
und man ist natürlich nie bereit.
Ich will's nun aber zeitigen,
aufhören, mich selbst zu peinigen.
Das Erstere lasse ich ruhen,
das Zweite aufleben und blühen!

Ich werd' euch fröhliche Nachricht überbringen,
dann können wir alle vergnüget singen.
Bis später, auf eine freudige Neubegegnung
und eine himmlische Erhebung.

BRUDERHERZ:

Lass zu Gehör kommen die Vertonung,
nun steht geschrieben die erhabene Gesetzgebung.
Eine große Legislative,
lex aeterna! Deine Direktive!

ALMA MATER:

Nur guten Mutes, immer weiter,
mein Schwarmgeist, mein Romantiker.
Lass' erklingen die Träumerei,
sie ist dein, setz' sie frei.

Epilog

Ein vollkommenes Unnütz und Nichts,
hat viel der Facetten und Antlitz'.
Ist ein bunt gefärbtes Kolorit,
des Menschen Seel' ist ihr Sitz.
Der Mensch ist dafür die Hülle,
mit der reichsten Gefühlsfülle.

Dies verwirrende Empfindungsleben,
ist kein Leichtes, damit leben und streben.
Doch die durchwühlte Innenwelt,
tut, wie es ihr grad gefällt.
Sie hat aber ein innerweltlich' Herzstück,
ist Quell und Puls fürs große Lebensglück.

Wenn unsern noblen Gefühlen wir geben,
ein natürlich, berechtigt Seelenleben,
bauen damit den Himmelsweg Babel,
wenn man zu sich findet, zum Nabel.
Erkenne für dich das Ganze,
erwecke dein menschlich' Glanze.

Die Gefühlsrede nehme mit Ernst,
beleben sollt' sie dein weiches Herz.
Es ist die Empfindung, die Regung,
leiten soll sie zur moralisch schönen Handlung.
Kein niederes, bestialisch, widerwärtig' Schreiten,
kein abscheulich', entmenschlicht, will ich meinen.

Sie ist da, in jedem ist sie auch,
trägt den Namen Anima, des Lebens Lufthauch.
Zu eng geschnürt ist das Korsett, sie verzagen,

brauchen Luft, brauchen Luft zum Atmen.
Seien wir Kinder der Emotion,
die Kinder einer Gefühlsrevolution.

Sei der, der tief gräbt im Inneren, sei ein Gräber,
viel Licht scheint in der Tiefe leider nicht immer.
Schwer und nicht leicht sind sie gegeben,
die inneren Gefilde, die Seelengegenden.
Doch so manch inner' Minenschacht
verbirgt gar göttlich funkelnde Seelenpracht.

Es ist eine schön menschlich' Wesenheit,
zu denken, man wär' ganz gescheit.
Gräbt man tief, breit und weit,
riskiert man im Labyrinthe zu irren für alle Zeit.
Mit Bedacht soll der Mensch sich mühen,
um doch nicht wieder abzukühlen.

Ein Büchlein, so reich und fein,
danach lässt man doch alles andere sein.
Herauszugelangen, um Neues anzufangen,
ist recht beschwerlich, das lässt einen bangen.
Gerät man in die tiefsten Banden,
hat man so manch' Problem mit eckigen Kanten.

Befreunden tut man sich mit dem dreieckigen Kreis,
wird einem endlos, der Unendlichkeit ihr Preis.
Genau diese Grenzenlosigkeit wird zum Altar,
sie zu sehen, bis die Göttlichkeit einem wird gewahr.
Seelen versprechen einem so manch' Wunder,
sie pflegen, sie zum Guten erheben, ist gesunder.

Wenn ein jeder strebt, der Vollkommenheit nach,

sein Damaliges, sein Jetziges, will verschwinden, ach!
Sich wandeln ist nicht leicht, tut auch weh,
passieren tut's auf so mancherlei Weg.
Das Aug' soll sehen, langsam kann's nur verstehen.
Werde ein Seher, lasse den Spürsinn genesen!

In Ruhe und Bedächtigkeit, lässt Erblicktes erbeben,
durch Langsamkeit, ohn' Schnelligkeit, ist's Leben.
Ein weit'res ist's um den Müßiggang,
so genannter unnützer, wertloser Gang.
Stehen bleiben, die Hysterie meiden,
erspart den Reizen, den Überreiz zu leiden.

Die Reihen der Eingliederung,
ermöglichen nicht jeglichen Umschwung.
Um, was menschlich ist, wieder anzupassen,
muss das frisch Jugendliche aus der Reih' tanzen.
Die eingereihte Schar, der folgende Trupp,
fließt mit dem Strome, geht moralisch kaputt.

Der jugendliche Funke, meiden soll er den Strome,
soll die Verbindung halten, aber nur lose.
Seine Aufgab' ist die, hinaufzufließen,
entstehende Aufschäumung, den Kurswechsel genießen.
Frische Tugend, frische Jugend,
alt-neu-erwachte Sitte, Belebung erloschener Tugend.

Abstimmung, mit sich selbst, nosce te ipsum!
Ohn' das Kind, ohn' Spielerei, keine Harmonisierung.
Harmonie, als die Mutter aller Dinge,
der Mutter und deren Töchtern, würdige.
Eine Welt, in der sie erfahre ehrfürchtige Liebe,
wo Körper und Würde in achtungsvoller Liebe floriere.

Des Studiosus Existenz ist voll von manch Problemen,
die keinen Formeln, keinen Programmen Antwort
geben.
Er ist eine weitschichtige Kreatur.
Siehst du die Schichten, die verwickelte Natur?
Wenn die Welt dir nicht gefällt, Studiosus,
rette deinen Geist, auf zum neuen Campus.

Oh, Herr im Himmel, so gemein, oben daheim,
hättest du geholfen, wären diese Worte im Kreuzreim.
Du wärst mein, beide wär'n wir nicht allein,
hättest du geholfen, wär' mein Unmut klein.
Bin nicht dein und werd's nie sein,
glaube, natürlich, an alles, was rein.

Mein Kopf ist meine Kirche,
mein Herz mein Gottestische,
meine Seele ist mein Geiste,
sie versprechen unvergängliche Kreise.
Diese weise Dreieinigkeit
gibt sinnvolle Unrast und Ewigkeit.

Für Idealität und hohe Gefühle ist's nie zu spät,
entsagen soll hohes Leben gefühlsarmer Brutalität.
Warum sentimentales Alleinsein,
warum zu schiefem Lächeln und Hinterlist geneigt sein?
Ich sehe das Untier in dir, diese Lauer,
und lächele sibyllinisch und mit Bedauer'.

FSC
www.fsc.org

MIX

Papier | Fördert
gute Waldnutzung

FSC® C083411

Zeitfracht Medien GmbH
Ferdinand-Jühlke-Straße 7
99095 Erfurt, Deutschland
produktsicherheit@kolibri360.de